Premiers pas pour les

bébés

Les animaux de la ferme

Texte de Juliette Parachini-Deny
Illustrations de Maëlle C.

Fleurus

Promenade à la ferme

Cet après-midi, je me promène avec papy.
Nous croisons un épouvantail,
avec un grand chapeau de paille.
Nous voici arrivés à la campagne !

Dans le pré, des moutons
sautent au-dessus des buissons.
Ils ont l'air aussi doux que mon doudou.
Comme ils sont mignons !

Les cochons ont la queue en tire-bouchon !
Ils sont roses comme des bonbons.
Ce qu'ils préfèrent par-dessus tout,
c'est se rouler dans la boue !

Dans leur cage, les lapins me regardent
avec un air très sage.
Ils ont sûrement faim !
Je vais leur donner des carottes et du pain.

Un cochon

Quel est donc ce drôle d'animal
avec ces grandes taches ?
« C'est une vache, me dit la fermière,
regarde dans mon seau, il y a du bon lait chaud ! »

Dans le poulailler, des poules couvent des œufs.
Soudain l'un d'eux se brise :
un petit bec apparaît… un joli poussin est né !
Quelle bonne surprise !

Perché tout là-haut, le coq chante COCORICO !
Il se croit le plus beau
avec ses plumes de toutes les couleurs
et sa crête rouge coquelicot.

Une vache

Le dindon n’a pas dit son dernier mot :
« Non, c’est moi le plus beau !
GLOUGLOU GLOUGLOU,
moi, je sais faire la roue ! »

Dans le champ, il y a un grand animal.
« C'est un cheval ! » me dit papy.
Il mange de l'herbe et de la paille.
Vraiment, il se régale !

Les canetons font de jolis plongeons.
Dans leur mare, ils n'ont peur de rien !
Ils s'amusent tellement bien
avec papa et maman canard.

Un dindon

L'âne est un peu grognon
car il vient de manger des chardons !
Il aurait dû manger de jolies fleurs :
elles sont sûrement meilleures !

J’ai découvert tous les animaux de la ferme !
Il est temps de rentrer à la maison.
Le chien nous suit sur le chemin.
Au revoir veaux, vaches, cochons !

Un épouvantail

Des moutons

Un cochon

Un lapin

Des carottes

Une vache

Un seau de lait

Une poule

Des poussins